Offrande a la République

d'un

CAVALIER JACOBIN

par la société populaire

de la

COMMUNE DE BELLEVILLE

— 1794 —

avec le nom des citoyens

Qui ont participé à la Souscription

Publié d'après les Documents Originaux

par

Henry DARESSY

PARIS
imprimé chez pillet fils ainé
Rue des Grands-Augustins, n° 5
1871

Peut-être aurions-nous dû faire l'historique des événements qui ont donné naissance à la collecte faisant l'objet de notre publication; nous préférons renvoyer nos lecteurs aux pages éloquentes que nous ont retracées les historiens de notre grande Révolution; nous nous trouvons assez heureux de pouvoir faire connaître les noms des habitants de Belleville qui apportèrent leur offrande patriotique dans le but de concourir à la défense du sol Français souillé par les hordes étrangères.

Henry DARESSY.

EXTRAIT DU REGISTRE

DE LA SOCIÉTÉ POPULAIRE DE BELLEVILLE

Séance du 2 prairial, l'an 2ᵉ de la République française une et indivisible.

Sur la proposition de son Comité, appuyée de plusieurs membres, la Société arrête que deux commissaires, pris dans son sein, se rendront demain auprès de la Municipalité à l'effet de l'inviter à faire prévenir, par une proclamation, tous les citoyens de la commune, de l'ouverture d'une souscription pour l'armement et l'équipement d'un Cavalier Jacobin destiné à combattre les satellites des Despotes; en les avertissant aussi que cette souscription n'aura lieu que pendant une Décade, et qu'après ce délai expiré, il sera nommé par la société des commissaires chargés de se transporter chez les différents citoyens qui n'auront pas contribué, pour les engager à participer à cette œuvre patriotique et républicaine.

La recette des offrandes se fera dans le lieu ordinaire des séances de la Société les 5, 8 et 12 du présent mois prairial inclusivement (24, 27 et 31 mai 1794).

Les commissaires nommés pour remplir cette

mission auprès de la municipalité sont les citoyens Bidel et Renon, coeffeur.

Pour copie conforme :

BRUTUS, *président;* BLONDEAU, *secrétaire.*

(21 Mai 1794.)

Sur la demande faite par la Société Populaire d'être autorisée à faire battre la caisse pour l'adresse de l'autre part, cette demande a été accordée par la municipalité et le conseil général de la commune, ce tridi Prairial, l'an II de la République française une et indivisible.

FAVART, *municipal,* DARGUT, *municipal,* SOUCHÉ, GENTY, ANROUX, CORNU et LECLÈRE, *notables.*

(23 Mai 1794.)

PROCLAMATION

Les citoyens republicains de la commune de Belleville sont invités, de la part de la Société populaire, toujours occupée des vues patriotiques qui doivent concourir au bien général de la République, de contribuer volontairement à l'armement et équipement d'un Cavalier Jacobin et de remettre leur offrande pendant la présente Décade à l'assemblée populaire ou au citoyen Drouain, rue de l'Unité, n° 197, trésorier provisoire de cette collecte. La Société compte toujours sur le zèle de ses concitoyens pour un objet de cette importance.

Les commissaires chargés de la Collecte sont les citoyens Cornu, Dutroyes, Desprez, Chabouillé, Festeau, Goret, Leclère et Pottier.

Les commissaires chargés de l'Équipement sont les citoyens Despax, Durin, Poiré, Lavallard, Escot et René Renon.

ÉTAT de la Collecte faitte pour l'Equipement d'un Cavalier Jacobin offert à la République du 25 Floréal (3 Mai) au 25 Prairial (13 Juin), an 2ᵉ de la République Française.

OFFRANDES

Les citoyens	Livres.	Sols.	Les citoyens	Livres.	Sols.
Saint-Paul	50	»	Report	498	5
Lanoux	5	»	Leclère	2	10
Norbert	2	10	Claude Gallé	10	»
J. B. Varenne	1	10	Cornu	5	»
Marechaux	140	»	Chollet	5	»
Chevalier	10	»	Fulefic	2	10
Desnoyers	140	»	Thevet	2	10
Lemaître	3	»	Grabiot, médecin	75	»
Desprez	5	»	Tassart	5	»
J. L. Bardon	2	10	Dargent	2	»
Brutus	25	»	Lambert père	5	»
Monroy	10	»	Tissot	30	»
Gorey	10	»	Tilmans	2	10
Edme Dargent	2	10	Rigolot	2	10
Bidet	5	»	Lemercier	10	»
Etacy	2	10	Decosse	2	10
Guillaumau	5	»	Bourdin	2	10
Auroy	2	10	Genessard père et fils	2	10
Chamas	10	»	J. B. Henroux	2	10
Bonfion	5	»	Tenon	5	»
Boucher	2	10	Dargent père	5	»
S. Bardon	2	10	Delaye	5	»
Drouin	5	»	Virette	5	»
Julliz	2	10	Lambert	5	»
Prieur	1	5	Finet	2	10
Pelé	1	5	Pillet	1	10
Talibon	2	5	Blerzy	5	»
Tuillier père et fils	5	»	Mionet	5	»
J. Cauvin	5	»	Daillé	2	10
L. Milsent	2	10	Vielle	10	»
Blondeau	5	»	Moite	2	10
F. Menincy	1	»	Avril	10	»
Escot	3	»	Cormier	5	»
Tessier	2	10	Rivet	5	»
Rogeret	2	10	G. Patin	1	5
Laloin	2	10	Arnou Jeannet	3	»
J. L. Budier	3	»	Lavallard	5	»
Rivière	2	»	Pelletier	300	»
Pottier	10	»	Ravet	5	»
A reporter	498	5	A reporter	1,056	»

Les citoyens	Livres.	Sols.
Report	1,056	»
L'Enfumé	5	»
Prion	3	»
Lank	3	»
Turteau	10	»
Chape	5	»
Huguet	1	5
Thiébault, maire	68	5
Gayastier	150	»
Vincent, maçon à Ménilmontant	5	»
N. Varenne	2	10
Pillet	5	»
Favart	5	»
Bordier	2	10
Hourlier	2	10
Divers citoyens	2	10
Rousseau, fayencier	1	5
J. B. Couteux père	5	»
Couteux fils	»	10
Claude-Ant. Bordier fils	»	10
Jacques Porlier	»	10
J. B. Porlier	»	10
Leroy, march. de vins	»	15
Roullon	2	»
Gerean	»	15
Lequin	»	10
Jacques-Ant. Bernard	»	3
Hincelin	5	»
Paulet	5	»
Lebon	3	»
Augé	»	10
Audiver	1	5
Boudet	1	10
Jean Robin	»	10
Hivard	5	»
Vernier	2	»
Dayeux	5	»
Guil. Bonfils	2	10
François Daube	1	»
Lechasseur	1	10
Milcens père	1	»
Milcens fils	1	10
Blin	3	»
Gabriel	2	5
Jean-Louis Bardou	2	10
Vaudrelan	1	10
Rivoire	10	»
Violet père	2	10
Aruber	3	»
A reporter	1,399	18

Les citoyens	Livres.	Sols.
Report	1,399	18
Lavaudette	2	10
Lucet	1	10
Chaudron	1	»
Leboucher Nouveau	5	»
Nouvau, notaire	10	»
Varenne aîné	»	10
Legrand	1	10
Bertambois, serrurier	»	15
Manois	»	15
J. Maimieux	1	»
Jobbe	»	15
Reglé et Simonneau	2	»
Bonneuil	1	10
Vitry, march. de vins	2	10
Gehet frères	5	»
Trousset	1	»
Nicolas	»	15
Deslandes	1	10
Dupressoire	2	10
Cabaret	1	5
Abraham	1	5
Dupuy	1	5
Normand	5	»
Geoffroy	5	»
Bancelin	5	»
Hiard	5	»
Bourgoen	3	»
Desplan	5	»
Bernier	5	»
Bertault	3	»
Marotel	1	5
Laflotte	24	»
Foissac	2	10
Conaguier	»	15
Deschamps	1	»
Martin	3	»
Renaud	10	»
Jarry	20	»
Sebac	5	»
Destresse	5	»
Bruyard	5	»
L'Enfantin	10	»
Lagace	1	10
Michel	1	5
Leleu	3	»
Charpeau	»	15
Herbin	10	»
Dubois	5	»
Bernardelet	»	10
A reporter	1,591	3

Les citoyens	Livres.	Sols.	Les citoyens	Livres.	Sols.
Report	1,591	3	Report	1,681	13
Fournet	»	15	Dutertre	2	10
Letourneau	2	10	Maquard	»	15
Basset	1	5	Balanque	2	10
Sphinel	1	»	Brousse	2	10
Serié	3	»	Vial	5	»
Angibout	»	10	Dormois	10	»
Champin	1	5	Calot	10	»
Louis Serié	»	15	Prudhomme	5	»
Cyprien Angibout	»	10	Michel Bouché	10	»
Breon	»	10	Guérin	2	10
Laire	»	10	Morot fils	1	5
Brisset	»	15	Richard	10	»
Maugé	»	15	Macard	3	»
Lalleman	1	»	Beryer	»	10
Violet	»	15	Nom oublié	3	»
Thivau	1	»	Salignac	7	10
Paris	»	15	Fourbet	10	»
Marconville	1	»	Blanchard	10	»
Antoine	»	10	Benoist	1	5
Ribert	»	15	Mouchy	8	»
Variot	1	5	Nic. Fauché	2	10
Edme Mérot	1	»	J. B. Faucheux	1	10
Duchesne	10	»	Pierre Chevet	10	»
Couteux	2	10	Stanne	1	5
Valsons	10	»	Maurice	2	10
Michon	6	»	Fraisier	2	10
Blaincourt	2	10	Goutteux	1	10
Raffin	»	15	Valbrecq	2	10
Tallard	1	»	Viviand	2	10
Favre	1	5	Lhomme	»	10
Lyvoire	5	»	Elitasse	2	10
Dambres	1	5	Louis Roger	1	5
Duchesne	2	»	Ebart	2	10
Deschamps	»	10	Lhuillier	»	15
Hudot	»	10	Tomès	5	»
Louvet	»	10	Richard, fruitier	»	10
Hudel	»	10	Vincent	5	»
Salignac	2	10	Louvin	5	»
Lary	5	»	Raffic	3	»
Delonde	1	5	Thevenin	2	10
Noel	2	»	Hutin	»	15
Freville	»	15	Waflard	1	10
Pelletier	»	10	Denimme	»	10
Dorival	1	5	Lebret	»	15
Pereur	4	»	René Renou	»	15
Cholson	1	»	Clemant	1	»
Provost	1	5	Mercier	2	»
Perichard	»	15	Benard	»	15
Nicolas Blancheteau	4	»	Doussé	1	»
A reporter	1,681	13	A reporter	1,851	3

Les citoyens	Livres	Sols	Les citoyens	Livres	Sols
Report	1,851	3	Report	2,035	18
Jacques	3	»	Leborgne, meunier	3	»
Guillaume	»	15	Marsiraud	1	10
Lemoitté	»	10	Bouin, meunier	»	12
Pierre Incelet	»	15	Henry Leclère, meunier	»	18
Pelet	»	15	Bastard, jardinier	»	15
Goret	10	»	Druel	3	»
Desenfan	1	»	Lelon	3	»
Sauvageon	2	»	Huet	»	15
Bardou	5	»	François Poisson	1	5
Lalendre, maçon	25	»	François Boudin	1	»
Lecœur, perruquier	1	»	J. Ant. Bordier	1	»
Bordier	2	10	Hanroux	»	10
Duflos	5	»	Damour	»	15
Gaudin	2	»	Liard, laitier	»	10
Polignac	»	15	Bardon-Lapippe	»	10
Clemant	2	10	François Colin	1	5
Duanfort	5	»	Cardon	1	5
Pinel-Boisnac	1	5	Mouton-Dunègre	2	10
Monvielle	2	10	Larolle	2	10
Briniolle	5	»	Broudran	3	»
Festot	2	10	Perès	200	»
Ant. Barasse	2	10	J. P. Bardou	»	15
Chambly	5	»	Renon	»	10
Claude Briceau	2	»	Démery	50	»
Festot fils	2	10	Chevillard	10	»
Lassalle	1	10	Leroy	2	10
Hory	5	»			
Regnaud, épicier	»	10	Les citoyennes		
Descroix	2	10	Dangerville	10	»
Minié	3	»	Veuve Vincent	1	5
Silvie	10	»	Veuve Goujanot	5	»
Boudeville	3	»	Lemercier	5	»
Pollet	1	»	Belon	10	»
Darin	1	5	Mayeux	2	10
Boniface	5	»	Bony	5	»
Lebegle	2	10	Mitas	5	»
Javoir	1	10	Dhotel	5	»
Raison	»	10	Censive	2	10
Lepierre	1	»	Cemonville	10	»
Bouché jeune	2	10	Dervian	5	»
Bazille, boulanger	1	5	Royer	1	10
Rodicé	5	»	Baudouin	1	10
Malard	5	»	Montalan	2	10
Michelon	5	»	Piel	1	»
Bourcier	3	»	Jagny	5	»
Randon	25	»	Agathe Richard	5	»
Chabouillet	2	10	Ferry	»	15
Rossignolle	1	10	Gossec	2	10
Brusy	5	»	Chory	1	15
A reporter	2,035	18	A reporter	2,416	18

— 12 —

Les citoyennes	Livres.	Sols.	Les citoyennes	Livres.	Sols.
Report......	2,416	18	Report......	2,498	15
Cotin mère...........	»	10	Plaisir.............	1	5
Cotin jeune...........	»	15	Genneville...........	1	10
Fromage.............	1	»	Vitry...............	»	10
Godelle..............	»	15	Berrin..............	1	5
Lasalle..............	2	10	Turnay.............	1	10
Lefebvre.............	1	5	Noblet..............	»	15
Giroux...............	2	10	Thompson...........	1	10
Maillard.............	2	10	Coutan..............	1	»
Filié.................	10	»	Dadonville...........	5	»
Bertin...............	1	»	Daston..............	2	10
Despré...............	1	»	Noury...............	10	»
Vallet...............	2	10	Deléreau............	»	10
Sausset..............	»	12	Viette...............	»	2
Marie Anne..........	1	5	Margat..............	»	4
Agathe..............	2	»	Gilbert..............	»	15
Vandesche...........	3	»	Monselet............	»	10
Taissin..............	»	10	Lamilier.............	2	10
Chardon.............	»	15	Dancourt............	2	5
Legrand.............	»	15	Marin...............	»	10
Dussauton...........	»	15	Boudin..............	1	5
Lebouché............	»	10	Caroline Lorence	5	»
Pagert...............	5	»	Thomas.............	1	»
Lecornu.............	1	»	Jaro................	»	10
Hudot...............	»	15	Ladoninière.........	3	»
Boursier.............	2	10	Duchaine............	»	15
Aubry...............	5	»	Pernot..............	2	10
Domet...............	»	10	Masquarel...........	1	10
Regnier..............	»	10	Charité..............	3	»
Guerre...............	»	10	Lambermont........	1	10
Pinel................	»	10	Mirabeau............	1	10
Bergu...............	»	10	Remme..............	1	10
Holler...............	1	5	Pommelard.........	»	10
Bertin...............	»	10	Castray.............	1	5
Blancheteau..........	»	15	Sorel................	1	»
Marie Fontaine.......	3	»	Rouginot, fruitière...	1	5
Faucheux............	1	5	Bochet..............	»	15
Leclère..............	2	10	Leganeur............	1	10
Lagotte Chevet.......	2	10	Veuve Allée.........	3	»
Martin...............	1	»	Ruelle...............	2	10
Touquil..............	1	10	Belestat.............	2	10
Morot...............	1	10	Démery.............	5	»
Faucheux............	3	»	Bellon...............	3	»
D'Holbec............	10	»	Dupré...............	1	10
A reporter....	2,498	15	Total........	2,579	11

ÉTAT des Dépenses faites pour l'Habillement et l'Équipement du Cavalier Jacobin fourni par la Société Populaire et Républicaine de la commune de Belleville,

Savoir :

	Livres.	Sols.
Drap d'habit et de veste, Doublure..........	95	7
Façon d'Habit............................	17	»
Manteau bleu d'ordonnance.................	145	»
Bonnet de police..........................	7	»
Bottes d'ordonnance.......................	40	»
Souliers.................................	14	»
Chapeau.................................	28	»
Plumet..................................	5	»
3 Chemises..............................	37	10
Bas.....................................	12	»
1 Pantalon de drap bleu...................	39	»
Veste d'écurie............................	15	»
Porte-manteau de cuir.....................	18	»
4 Paires de Manchettes de bottes............	10	»
1 Culotte de peau de daim..................	70	»
1 Culotte de peau de mouton...............	25	»
Gands...................................	12	»
Pour le garçon culottier...................	3	»
1 Cravate de soye noire....................	12	»
Eguillette Trèfle et Dragonne...............	9	»
4 Cols de bazin...........................	2	»
1 Garniture de Boutons d'uniforme..........	3	»
3 Mouchoirs.............................	10	»
1 Tirebotte et un Portefeuille...............	2	»
1 Besace................................	10	»
Peigne de tête............................	1	10
Brosses à habit et à souliers................	3	»
Un Cheval d'Escadron.....................	1,000	»
Frais de marchés et pourboire des garçons....	20	»
Selle, Housse, Chaperon, Monture de brides. Rennes et Bridons........................	180	»
Pour réparation de la Selle.................	4	»
Mord de bride à bossettes, étamage dudit mord	15	»
Ferrage du cheval.........................	6	»
Réparation des Pistolets...................	5	»
A reporter...............	1,875	7

	Livres.	Sols.
Report...................	1.875	7
Sac à avoine.....................	6	10
Sachet, Corde à fourrage et Coussinet........	9	»
Ciseaux pour les crins et éperons............	4	10
Eponge, Peigne, Brosse d'écurie et Etrille....	7	»
Anneaux, Boucles et Tourets..............	4	»
Chaîne et Cadenas de porte-manteau........	2	»
Donné à deux filles de boutique.............	1	3
Donné au citoyen Durin pour ses besoins.....	10	»
Total..............	1.919	10

Paris, le 1er Messidor de l'an deuxième de l'Ère républicaine.

LES MEMBRES COMPOSANT LA COMMISSION DES TRANSPORTS ET CONVOIS MILITAIRES

Aux Commissaires de la Société populaire et républicaine de Belleville.

Nous vous prévenons, citoyens, que conformément à la demande que vous nous avez faite d'un cheval pour monter le Cavalier Jacobin que la Société est dans l'intention d'offrir à la République, nous autorisons le citoyen Langlois, inspecteur du dépôt de Paris, à vous remettre un cheval. Vous devrez le payer sur-le-champ le prix du maximum.

Salut et fraternité.

Signé : CREVANT, MIMAUD.

(19 Juin 1794.)

ÉTAT des Recettes et Dépenses.

RECETTES.

	Livres.	Sols.
Le citoyen Saint-Paul	50	»
— Maréchaux	140	»
— Desnoyers	140	»
— Grabiot	75	»
— Pelletier	300	»
— Démery	50	»
— Thiébault	68	5
— Gayastier	150	»
— Pérès	200	»
— Tissot	30	»
445 citoyens et citoyennes dont les offrandes n'atteignent pas 25 l.	1,376	6
Total	2,579	11

DÉPENSES.

1° La somme de 1,919 liv. 10 déboursée pour l'armement et équipement dudit Cavalier, suivant les mémoires détaillés	1,919	10
2° Celle de 660 liv. 1 s. remise audit Cavalier à son départ, cy	660	1
Total	2,579	11

Partant, la recette égale la dépense.

COMITÉ DE SALUT PUBLIC

Reçu du citoyen DURIN, *gendarme d'ordonnance, un* paquet adressé audit comité par *la Société populaire de Belleville contenant le signalement du Cavalier Jacobin qu'elle a monté et équipé pour combattre les despotes.*

Cejourd'hui *quinze* jour de *messidor* à *midy*, l'an deuxième de la République française une et indivisible.

Signé : LARDENOIS.

(3 Juillet 1794.)

Beauvais, 26 Messidor, 2ᵉ année Républicaine.

Mon frère,

Cy joint le certificat pour que tu puisse toucher ce qui est accordé aux parents de ceux qui sont au service de la patrie. Je suis en parfaite santé, je désire que la tienne soit de même. Je suis toujours dans le dépôt en attendant l'ordre de partir; je t'engage, au reçu de la présente, de me donner des nouvelles sur l'état de ta santé et de celle de ton épouse; si je puis recevoir de tes nouvelles avant mon départ, crois que c'est une satisfaction pour moy. Bien des compliments à notre cousin Durand, sa femme et ses enfants, ainsy qu'à tes confrères gendharmes. Aussitôt que je seré arrivé aux frontières je feré part à la Société populaire de Belleville de ce qu'il sera à ma connaissance. Je t'engage de les en assurer ainsy que de mes sentiments de fraternité.

Je suis, mon frère, le tien,

DURIN.

Paris. — Imprimerie de PILLET fils-ainé, 5, rue des Grands-Augustins.

www.ingramcontent.com/pod-product-compliance
Lightning Source LLC
Chambersburg PA
CBHW061613040426
42450CB00010B/2471